MEUBLES ANCIENS

OBJETS D'ART

ET

GALERIE DE TABLEAUX DE MAITRES

Le Catalogue se distribue

A CLERMONT-FERRAND

Chez Me CHEVALIER DU FAU, avoué, exécuteur testamentaire.
— Me Albin ROGIER, notaire.
— Me GRIMAUX, commissaire-priseur.
Et par la poste, sur demande.

CLERMONT-FERRAND
IMPRIMERIE MODERNE, 15, RUE DU PORT, 15
—
1901

CHATEAU DE MONJOLI

près Clermont-Ferrand

VENTE

des 22, 23, 24, 25 et 26 Avril 1901

A deux heures

FAITE APRÈS LE DÉCÈS

de Madame de Marpon

EXPOSITION

Dimanche 21 Avril

de 9 heures à midi et de 2 heures à 6 h.

CONDITIONS DE VENTE

Elle sera faite au comptant et 6 p. o/o en sus des adjudications.

En cas de contestation sur une enchère, l'objet sera immédiatement remis en vente. — Les adjudicataires prendront livraison dans les 24 heures de la vente, l'exposition les ayant mis à même de se rendre compte de l'état et de la nature des objets.

Il ne sera admis aucune réclamation, l'adjudication prononcée.

ORDRE DES VACATIONS

Vacation du *Lundi*. — Vente de l'ameublement du salon, tableaux et objets d'art.

— *Mardi*. — Vente de la salle à manger et principale chambre à coucher, bahuts et peintures.

— *Mercredi*. — Vente de meubles anciens et de style.

— *Jeudi et Vendredi*. — Divers meubles, à tous usages.

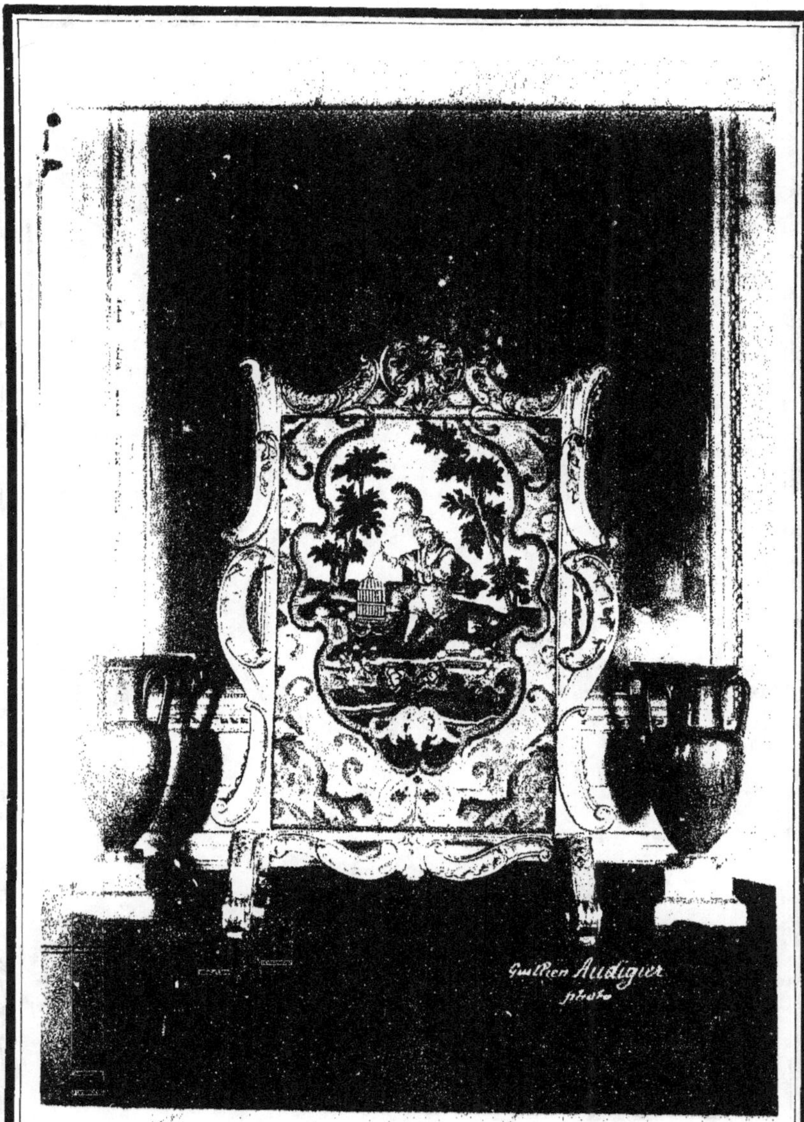
Guillien Audigier
photo

DÉSIGNATION

§ I

Vacation du Lundi

Environ cent numéros, comprenant l'ameublement et dont les principales pièces sont :

1° Un Brûle Parfum indien cloisonné.

2° Paravant chinois 8 feuilles, incrustations nacre.

3° Meuble tonkinois 1^{m}60 de haut sur 1^{m}80 de large, incrustations nacre.

4° Meuble indien très ancien avec marquetterie ébène et ivoire et garniture bronze doré, supporté par quatre statues

5° Ecran Louis XIV, bois doré avec tapisserie de l'époque.

6° Deux consoles assorties Louis XV, bois doré, long. 0,30 sur 0,90 de haut.

7° Très belle pendule de l'époque Louis XVI, marbre garni de bronze doré.

8° Magnifiques vases de Sèvres 0,50 de haut, offert par la reine Hortense.

9° Deux grands vases en porphyre.

10° Belle bibliothèque vitrine de l'époque Louis XVI, double porte, marquetterie garnie de bronze et marbre et ornée de peintures fines sur pâte tendre.

11° Table de milieu, bois doré, époque Louis XIV, 1^{m}20 de long, sur 0^{m}80 de large, sur 0^{m}85 de hauteur.

12° Cabinet Japonais, 1^{m} de hauteur sur 0^{m}90, supporté par quatre pieds bois sculpté (nombreux tiroirs laqués à l'intérieur).

13° Table canée bois de fer avec contours ajourés et recouverte en partie de marbre.

14° Grande et belle console bois doré, genre Louis XV, marbre blanc, 1m20 de largeur.

15° Deux vases de Chine 0m95 de haut, socle bois noir.

16° Appliques de l'époque Louis XVI, bronze doré.

17° Six grands fauteuils bois peint en gris, recouvert en tapisserie au point.

18° Quatre petits fauteuils de l'époque Louis XVI.

19° Quatre peintures anciennes représentant des personnages de diverses époques.

20° Très belle soupière avec son plat en sèvres, fleurs à filets or.

21° Verres de Bohême et de Venise (pièces).

22° Jardinières, déjeuners et tasses et sujets, Saxe, Japon, et ivoire.

23° Deux chevaux, bronze de P.-J. Mène.

24° Rideaux, tentures soie ancienne, sièges et tables volantes.

§ II

Vacation du Mardi

1° Bel ameublement Hollandais ancien, marquetterie ivoire et ébène avec garniture de bronze, comprenant un cabinet-vitrine et table ovale.

2° Cartel époque Louis XV, bronze doré.

3° Table Japonaise.

4° Deux torchères, sujets italiens.

5° Pendule Boule, époque Louis XIV, marquetterie cuivre et écaille, 0^m80 de haut.

6° Table à jeu sculptée.

7° Etagère bois noir avec marbre rouge.

8° Service de table, services à thé et à café, faïences et porcelaines de Saxe, Japon, Chine et Delft.

9° Joli petit tête-à-tête Saxe (5 pièces.)

10° Belle peinture Marguerite de Faust, par Tissot.

11° Un intérieur, peinture ancienne de Romlaag, 1651, 0^m77 sur 58 cent. de hauteur,

12° Grand tableau, les bords du Rhin 2^m40 sur 2^m de haut.

13° Peinture ancienne, nombreux personnages : La Visitation (Ecole Flamande), attribuée à Le Sueur, belle composition, tableau important, 1^m35 sur 1^m85 de haut.

14° Deux beaux tableaux anciens attribués à Greuze.

15° Un dessus de porte genre Boucher.

16° Etains, potiches, biscuits et cloisonnés (12 pièces)

17° Stalle gothique, 2^m20 de larg. sur 1^m90 de haut.

18° Bahut gothique, 1^m20 sur 1^m50 de haut.

19° Grande toile 3^m40 sur 1^m50 de haut, peinture ancienne, bataille.

20° Tableaux, paysages, portraits, peintures, gravures et pastels.

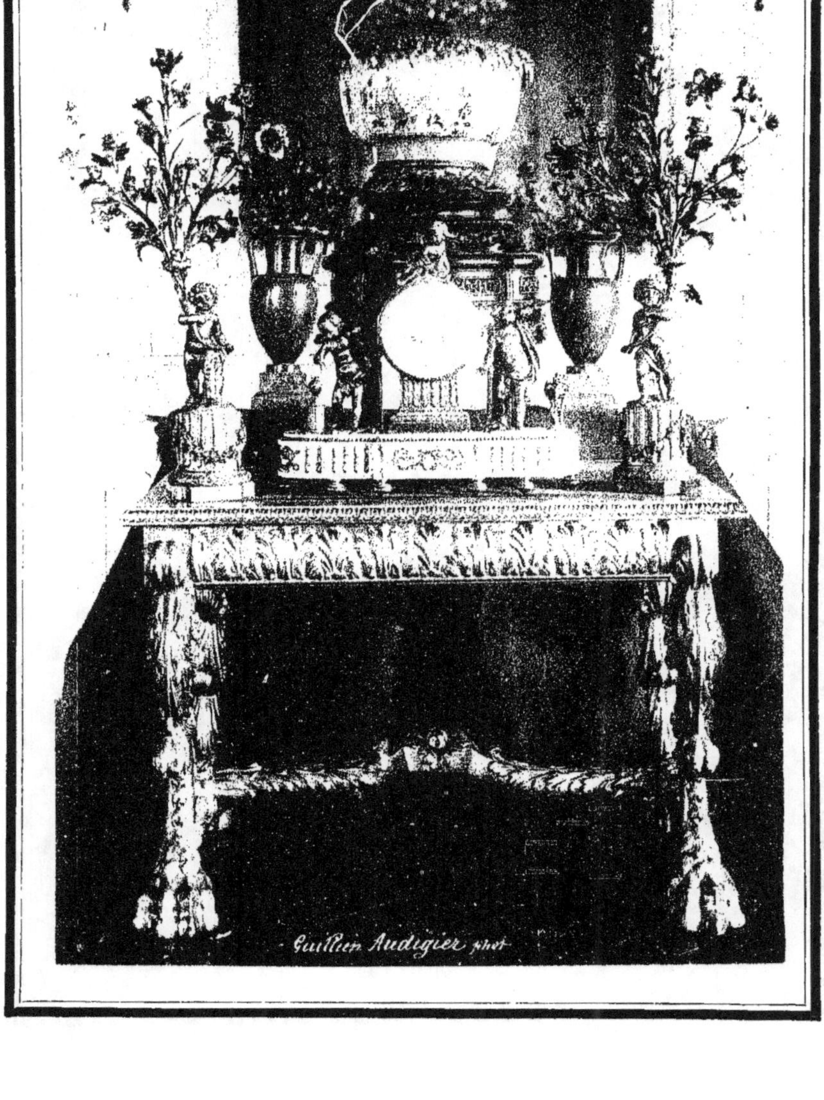
Guillien Audigier phot

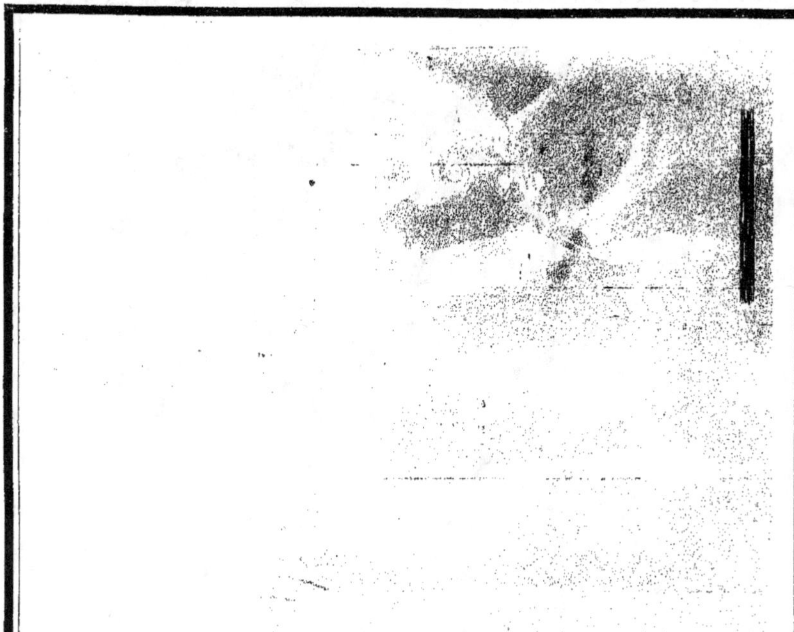

§ III

1° Petit bureau de l'époque Louis XV, marquetterie, 0m80 sur 1m10 de haut, avec fauteuil bois doré.

2° Belle et importante garniture de toilette, époque Louis XV avec armoiries, laque sur cuivre, sujets chinois.

3° Pendule et candélabres époque Louis XVI, marbre et bronzes dorés.

Glace Louis XIV avec fronton bois doré, 1 m 50 de haut, 0 m 85 de long.

4° Ancienne table de nuit marquetterie.

5° Table laque à portefeuille avec table à jeu.

6° Lit capitonné garni de rideaux guipure et recouvert en soie.

7° Deux petites encoignures époque Louis XV, marquetterie et marbre.

8° Petit cabinet japonais avec nombreux tiroirs à l'intérieur et garni aux angles de bronze doré.

9° Chaises et fauteuils avec tapisserie ancienne.

10° Peintures et portraits anciens.

Deux belles commodes anciennes.

Un tableau de Gudin (Marine)

Un A. Yan Ostade (Intérieur.)

§ IV

Vacation du Mercredi

Petit secrétaire marquetterie époque Louis XVI.
Toilette bois noir avec incrustations nacre.
Lavabo bois de rose.
Pendule Louis XVI, marbre et bronze doré.
Bénitier ancien, bronze doré.
Table de nuit bois de rose.
Tableaux.
Commode Louis XIV.
Bureau et table laque.
Poudreuse Louis XVI, bois de rose.
Très belle glace Louis XIV avec fronton, bois doré.
Sièges de diverses époques.
Table de nuit bois de rose.
Pendule Boule garnie de bronze.
Grand lit à trois faces, bois sculpté, carriatide.
Cabinet chêne sculpté.
Potiches, cuivres, étains.

§ V

Vacation du Jeudi et Vendredi

Livres, littérature, voyages et romans.
Fables de La Fontaine, illustrées par G. Doré.
Histoire de l'ancienne Auvergne et Le Velay.
Commode Empire acajou avec poignées cuivres dorés.
Glace de Venise.
Table de nuit ancienne.
Guéridon Louis XVI avec galerie cuivre.
Secrétaire bois de rose.
Sièges et tableaux anciens.
Pendule Louis XVI, marbre, bronze doré.
Commode marquetterie.
Table bois noir avec incrustations ivoire.
Secrétaire Louis XV, bois de rose.
Glace ancienne bois doré.
Armoires lingères de divers styles.
Commode Louis XV avec cuivres.
Faïences, porcelaines et cristaux ordinaires.
Meubles courants, cuivres et débarras.

Clermont-F. — Imp. Moderne, 15, r. du Port

www.ingramcontent.com/pod-product-compliance
Lightning Source LLC
LaVergne TN
LVHW021531140926
848035LV00047B/1301
* 9 7 8 2 3 2 9 4 8 8 3 6 3 *